성요셉여자고등학교

2024

성요셉여자고등학교

김재석 시집

사이재

시인의 말

시조집『성요셉여자고등학교』를
세상에 내던진 지
얼마 되지 않아
이번에는
시집『성요셉여자고등학교』를
세상에 내던진다

봄날 설 자리가 없어
행복한 내가 할 수 있는 일은
시집을 세상에 내던지는 거다

시집을
세상에 내던질 때마다
나에게 욕을 바가지로 먹는데
남들에겐 욕을 얼마나 먹을까

내가 나에게
그새를 못 참고
또 시집을 낸다는 소리를
들을 것이다

2024년 봄
일속산방一粟山房에서
작시치作詩痴 김재석

차례

성요셉여자고등학교

시인의 말

1부

자화상 13
봄눈 14
밤눈 16
봄비 18
봄비 20
꽃샘추위 22
꽃나무들이 약속을 한 게 분명하다 24
봄비 26

2부

봄날 백운동원림에서 29
강진만의 봄 32
동백숲과 나 34
뿌리가 다 증발하다 36
헷갈리다 38
봄날 백련사에서 40

무위사의 봄 42
수선화 44
사은정에서 46
남미륵사의 봄은 48
현구생가의 여름은 50
죽섬이 코를 킁킁거리는 이유는 52
강진만으로 산책 나갔다가 54
강진에서 봄이 가장 빨리 오는 곳은 56
늦봄문익환학교에서 북간도를 만나다 58
버버리깎음과 까마귀 60
강진만 가는 길에 가곡을 메들리로 불러내다 62
별뫼산을 바라보며 64
봄날 영랑생가에서 66
봄날 현구생가에서 68

3부

성요셉여자고등학교 73
구두와 쇠가 의기투합하여 인간이 되었다 76
내가 나를 잘못 가르치다 78
내가 나에게 비웃음을 사다 80
시집폭탄 82
군내버스 84
詩삽 86
내가 나를 주셨다 88
까치설날 90

진단 91
버버리깎음 92
맨발로 걷기 94
원고청탁 95
남미륵사 96
강진미술관 98

4부

슬픔과 나 103
나에게 군밤을 맞고 돌아간 슬픔이 있다 104
슬픔이 나를 보고 환하게 웃는다 106
대범한 슬픔과 소심한 슬픔이 눈이 맞아 하나되었을 때 108
오지랖이 넓은 슬픔과 나나 잘해야지 하는 슬픔이 만나면 110
나의 마음을 꿰뚫어 본 슬픔이 있다 112
나에게 콩깍지 씐 슬픔이 있다 114
선택의 여지가 없는 슬픔이 있다 116
나를 예의주시하는 슬픔이 있다 118
나의 꿈은 슬픔으로 노나는 것이다 120
슬픔을 가지고 몸살을 하다 122
슬픔이 나에게 깽판을 부리다 124
나보다 도끼로 제 발등을 찍었다고 귀띔해 준 슬픔이 있다 126

1부

자화상
- 몽당연필

어느새
몽당연필이다

몽당연필인 내가
어디 쓰일 데가 있나

몽당연필이어도
심은 지혜가 가득하다

몽당연필인 내가 나서면
푼수라 할 것이다

하고 싶은 대로 해야 하나
목숨만 부지해야 하나

어느새
몽당연필이다

봄눈

봄눈에
정장하고 나온
꽃나무가
들꽃들이
당황하는지
당황하지 않는지
분간을 못 하겠다

한두 해도 아니고
해마다
겪는 일인데
꽃나무와
들꽃들이
되풀이하는 걸 보면
내가 모르는
뭔가가 있다

꽃나무와
들꽃들이
무뇌아일 리가
없는데……

구름과
꽃나무와
들꽃들 사이
뭔가
밀약이 있을 수도 있다

봄눈을
꽃나무와
들꽃들의 백신이라
노래한 적이 있다

봄눈에
정장하고 나온
꽃나무가
들꽃들이
당황하는지
당황하지 않는지
분간을 못 하겠다

밤눈

비 온 뒤
반나절도 지나지 않아
눈이 내렸다

밤눈인가
봄눈인가

봄눈이자
밤눈

구름이
우유부단하다고 해야 하나,
몽니를 부린다고 해야 하나

구름이
꽃나무와
들꽃들에게 유감이 있을 리 만무한데……

구름에게
말 못할 사연이 있을 수 있다

구름이
재고가 가득한
창고를 정리해야만 했을 수도 있다

비 온 뒤
반나절도 지나지 않아
눈이 내렸다

봄비

비 온 뒤에
눈,
눈 온 뒤에
비

구름이
정신이
오락가락한다는 말을
듣게 생겼다

정신이
오락가락하지 않는다면
구름에게
깊은 뜻이 있을 것이다

비 온 뒤에
눈은
백신이거나
봄에게
안전벨트를 매라는 신호인데

비 온 뒤에
눈,
눈 온 뒤에
비는
무슨 신호인가

앞으로
몇 차례나 더
이런 일을
되풀이할까

비 온 뒤에
눈,
눈 온 뒤에
비

봄비

봄비가
정장하고 나온
매화에게 해꼬지를 한다고
오독하기 십상이다

봄비가
정장하고 나온
매화에게
해꼬지를 한 게 아니라
목이 마른
매화의 청을 들어준 것이다

이번에는
지상을
도배할 생각을 말고
정장하고 나오느라
목이 마른
자신의
갈증을 해소해 달라고
눈빛으로
부탁을 한 것이다

매화가
자신의
정장 차림이 배리더라도
갈증을 해소하는 게
더 급했던 것이다

매화만
구름에게 눈빛을 보낸 게 아니라
들꽃들도
구름에게 눈빛을 보낸 게 틀림없다

봄비가
정장하고 나온
매화에게 해꼬지를 한다고
오독할 수밖에 없다

누구도
매화의 눈빛을 읽지 못하니……

꽃샘추위
- 자지꼽추

나라도
그냥 물러서지 않겠다

감당할 수 없는
뭔가가
진군해 오기에 물러서는가

뭔가를 위해
그냥 자리를 내어주는가

물러서다가
남들이
자신이
뭔가에 쫓겨 물러난다고
오독힐 수 있다는 생각에
물러났다가
다시 제자리로 돌아오기를
몇 차례 반복한 뒤에
아예 물러나는가

나라면

어떻게 처신하였을까가 아니라
나라도
그냥 물러서지 않겠다

꽃나무들이 약속을 한 게 분명하다

꽃나무들이
자기들끼리
무슨 약속을 한 게 분명하다

해마다
매화를 앞질러서
꽃을 피우는
꽃나무들을 보지 못했다

앵두꽃이
살구꽃이
벚꽃이
매화보다 먼저
얼굴 내민 적이 없다

복사꽃도
배꽃도
감꽃도
순서를 바꿔
얼굴 내민 적이 없다

위계질서라고 볼 수 없는 건
누군들
맵지 않은 계절에 꽃을 피우고 싶지,
매운 계절에 꽃을 피우고 싶겠는가

작년에는
매운 계절에
매화가 꽃을 피웠으니
금년에는
앵두가 매운 계절에 꽃을 피우는 게
어떠냐고
제안할 것도 같은데
그런 제안을
매화가
한 차례도 한 적이 없는 것 같다

꽃나무들이
자기들끼리
무슨 약속을 한 게 분명하다

봄비

몸이 무거운 구름이 해산한 것을
지상에 뭇생명들을 위해
구름이 자신의 몸을 쥐어뜯은 것으로
내가 오독을 하였나

- 自利利他

구름은
구름대로
자신의 문제를 해결하고

지상에 뭇생명들을 위해
구름이 자신의 몸을 쥐어뜯은 것을
몸이 무거운 구름이 해산한 것으로
내가 오독을 하였나

- 利他自利

뭇생명들은
뭇생명대로
자신의 문제를 해결하고

2부

봄날 백운동원림에서

저명인사인 영랑생가는
모란이 얼굴 내밀어야만
봄이라 인정하는데
또 다른 저명인사인 백운동원림은
뭐가 얼굴 내밀어야
봄이라 인정할까

다산과 제자들이 의기투합하여 낳은
12승경에 답이 있을 것 같은데
영랑생가와 똑같이 답하기는
거시기하고
지금 내 앞에 만개한
백매가 얼굴 내밀어야만
봄이라 인정한다고 하면 어떨까

저명인사인 백운동원림이
백매도 모란도 아닌
온갖 꽃들이
함께 얼굴 내밀어야
봄이라 인정한다고 하면
어쩔 수 없지만……

어쩔 수 없지만이 아니라
어떤 특정한 꽃을 지목하지 않는 게
꽃들 간에 위화감을 조성하지 않는
현명한 답일 수 있다는 생각이
나의 뇌리를 때린다

영랑생가를 제외하고는
저명인사인
다산초당이
백련사가
무위사가
봄에 대한 정의를 내린 적이 없으니
아예
그런 말을 꺼내지 않는 게 좋을 수도 있다

저명인사인 영랑생가는
모란이 얼굴 내밀어야만
봄이라 인정하는데
또 다른 저명인사인 백운동원림은
뭐가 얼굴 내밀어야
봄이라 인정할까는

혼자 머릿속으로만 생각하고
입 밖에 꺼내지 않아야겠다

강진만의 봄

하루에 두 차례 오르락내리락하는
바다와 동고동락하던 겨울철새들이
강진만에게 등을 돌리기
시작할 때쯤이면
강진만의 봄은 기지개를 켜기 시작한다

겨울철새들이
먹을 게 별로 없는
강진만에게 완전히 등을 돌리면
강진만의 봄은 활동을 시작하는데
간혹 잔기침을 하기도 한다

겨울철새들이
강진만에게 등을 돌린 건
강진만이 뉘나서도 아니고
강진만이
겨울철새들을 뉘내서도 아니고
먹을 게 별로 없어서도 아니고
이러다간 강진만의 먹을거리가
씨가 말라버릴까 걱정되어서인데
바로 그때쯤

강진만의 봄은 누구의 눈치도 보지 않고
활동을 시작한다

묵은 갈대들이
그냥 그대로 버티고 있는 자리에
떨어진 씨앗이
여전히 얼굴 내밀까 말까
망설일 때쯤
강진만의 봄은 자신의 전령들인
꽃나무와 들꽃들에게 정장을 하게 한다

하루에 두 차례 오르락내리락하는
바다와 동고동락하던 겨울철새들이
강진만에게 등을 돌리기
시작할 때쯤이면
강진만의 봄은 기지개를 켜기 시작한다

동백숲과 나
  - 쪽쪽 쪽쪽 쪽쪽 쪽쪽 쪽쪽 쪽쪽

동백꽃똥구멍쪽쪽빠는새인 내가
백련사 동백숲에 나타나면
동백숲에
한때 비상이 걸렸으나
지금은 열화와 같은 눈빛을 보낸다

동박새와
직박구리가
나에게 시비를 걸고
야단법석인 건
옛날 일이다

나에게 시비를 걸고
야단법석인 게
지혜 없는 짓이라는 걸
깨닫기까진
몇 해가 걸렸다

동박새와
직박구리가 나에게
시비를 걸어도

내가 끝까지 예禮로써 대하니
먹혀들어 간 것이다

더불어
동박새와
직박구리의 식량이 남아돌아가기에
인심이 박하다는 말을
듣고 싶지 않았던 것이다

동백꽃똥구멍쪽쪽빠는새인 내가
백련사 동백숲에 나타나면
동백숲에
한때 비상이 걸렸으나
지금은 열화와 같은 눈빛을 보낸다

뿌리가 다 증발하다

먼 걸음을 한 길들의
발목을 붙들고 늘어지던
뿌리가 다 증발하였다

누군가에겐
한 편의 멋진 시로 태어났으나
나에겐
삼정의 문란으로 피폐해진
조선 민중의 헐벗은 모습으로 다가와
내 마음을 불편하게 했던
뿌리가 다 증발하다니

다산 초당 가는
먼 걸음을 한 길들 중의 하나인
나는
대지를 붙들고 늘어지는
그 많은 뿌리에서
아우성, 아우성 소릴 듣느라
많이 힘들었다

다산 초당 가는

먼 걸음을 한 다른 길들은
그 많은 뿌리에서
무슨 소릴 들었을까

그 많은 뿌리들이
대지의 밖으로 나온 사연을
너무도 잘 알고 있으나
밝히고 싶지 않다

먼 걸음을 한 길들의
발목을 붙들고 늘어지던
뿌리가 다 증발하였다

헷갈리다

먼 걸음을 한 길들 중의 하나인
내가
고성사 가는 중인지
보은산방 가는 중인지
헷갈린다

가는 중에
여기저기
내가
기웃거리며
머뭇거리며
한눈파는데
내가 봐도
해찰이 심하다

한눈팔수록
해찰할수록 좋은 게
고성골방죽이다

나로 하여금
추억을 되새김질하도록 해주는

고성골방죽,
고성골방죽은
나의 추억의 앨범이다

먼 걸음을 한 길들 중의 하나인
내가
고성사 가는 중인지
보은산방 가는 중인지
헷갈린다

봄날 백련사에서

백련사가
까마귀,
까마귀 울음소리만 들려준다

나는 천불전 앞마당 담장에 기대어
강진만의 늦둥이인
죽섬에게 눈빛을 보내고 있다,
계속

죽섬은
내가
자신에게
꽂혀 있는 걸 알지 못하고 있다

죽섬은
무슨 생각에 빠져
내 눈빛을,
내 눈빛을 감지하지 못할까

백련사
동백꽃 향기가

죽섬이
내 눈빛을 감지하지 못하게 하는가

죽섬이
내 눈빛을 감지하고도
감지하지 않는 척하는지도
모른다

까마귀,
까마귀 울음소리가
죽섬에 빠진 나를 깨운다

무위사의 봄

전각들이
누구는 거풍 중이고
누구는 거풍 중이 아닌 게 아니라
모두 다 거풍 중이다

겨우내
마음의 문까지 닫아 놨던
전각들이
봄바람,
봄바람으로
속을 씻어내고 있는 것이다

그냥 봄바람이 아니라
매화,
동백 향기가 묻은
봄바람으로
속을 씻어내고 있는 것이다

봄바람,
봄바람도
새로운 세상을

맛보는 게 싫지 않은 것이다

전각들이
누구는 거풍 중이고
누구는 거풍 중이 아닌 게 아니라
모두 다 거풍 중이다

수선화

쏟아지는
달빛을
챙긴 것 하나만으로도
달이 가상하게 여길 것이다

달빛이
그냥 증발한다는 생각을 하면
달이
마음 편할 리가 없겠지

챙긴 달빛이
오래가지 못하여도
달빛을 챙기는
비결, 비결을 알고 싶다

나만 달빛을
챙기는 비결을 알고 싶어 하나
다들 달빛을
챙기는 비결을 알고 싶어 하나

달빛을

챙긴 것 하나만으로
해가 질투할 수 있는데
해가 질투했다는 말이 들리지 않는 건
달빛이 햇빛의 자식이어서다

사은정에서

오직
부모의 은혜를 생각하는
사은정의 머릿속에
뭐가, 뭐가 똬리 틀고 있을까

물어보나 마나
말하나 마나
부모은중경이
효경이 똬리 틀고 있을 것이다

약지를 깨물어 피를 내어
사경을 헤매는
아버지를 살렸다는
효자 이야기도 함께할 것이다

먼 걸음을 한 길들을
앉혀 놓고
효에 대하여 이야기하고 싶은
굴뚝 같은 마음도……

사은정의 머릿속에

똬리 튼 게
오직 효에 대한 것뿐이겠나
육경사서가 똬리 틀고 있을 것이다

부모의 은혜를 생각하는
사은정의 머릿속에
모든 것을 알고 싶어하는
욕망이 똬리 틀고 있을 것이다

남미륵사의 봄은

남미륵사의 봄은
강을 건너고
들을 지나온다

강을 건너
들을 지나온 봄을
남미륵사가
정중히 맞이한다

꽃나무와
들꽃들이
정장을 하고
강을 건너
들을 지나온 봄을
맞이하는 것을 봐라

예를 갖춰
봄을 맞이하는
남미륵사는
그야말로 됨됨이가 됐다

남미륵사의 봄에는
강바람이
들바람이 묻어 있다

코를 킁킁거리지 않아도
남미륵사의 봄에서
강바람,
들바람 냄새를 맡을 수 있다

남미륵사의 봄은
강을 건너고
들을 지나온다

현구생가의 여름은

현구생가의 여름은
맨 먼저
어디로 와서
어디로 사라지는가

현구생가의 여름은
대낮에도
불이 켜진 전구인 살구로
코끼리 귀 닮은 파초잎으로 와서
사연 많은 능소화로
절정을 이루는 것 같은데

좌우지간
현구생가의 여름은
살구로
파초잎으로
능소화로
맛볼 수 있다

영랑생가 살구맛과
현구생가 살구맛이

어떻게 다른가 알아보려고
현구생가를 기웃거리는
먼 걸음을 한 길도 있다

영랑생가 살구맛과
현구생가 살구맛이
어떻게 다른가 알아보려고
현구생가를 기웃거리는
먼 걸음을 한 길이 있는 걸
어떻게 알았냐고
궁금해 할 수 있는데
현구생가를 기웃거리는
먼 걸음을 한 그 길이
바로 나다

현구생가의 여름은
맨 먼저
어디로 와서
어디로 사라지는가

죽섬이 코를 쿵쿵거리는 이유는

봄날
강진만의 죽섬이
코를 쿵쿵거리는 이유는
뭘까

백련사 동백숲의
동백꽃 향기가
죽섬을 가만두지 않는 걸까

백련사
매화 향기가
죽섬을 가만두지 않는 걸까

동백꽃 향기와
매화꽃 향기가 함께
범벅이 되어
죽섬을 가만두지 않는 걸까

봄날
강진만의 죽섬이
코를 쿵쿵거리는 이유는

내가 생각하는 것 말고
또다른 이유가 있을까

강진만으로 산책 나갔다가

강진역이 보이는
들길을 따라
강진만으로 산책 나갔다가
큰개불알풀이 코딱지나물보다
먼저 봄이 오는 것을 알았다

냉이와 큰개불알풀 중에
누가 더 먼저
봄이 오는지는 막상막하이니
내년에 좀 더 일찍
강진만에 나와 알아봐야겠다

큰개불알풀과 냉이
그리고 민들레는
꽃이 얼굴 내밀었어도
코딱지나물은
아직 꽃이 얼굴 내밀지 않았다

들꽃들 중에
누가 가장 먼저
봄이 오는가를 알아내는 건

쉽지 않지만
내년에는 꼭 알아낼 것이다

강진역이 보이는
들길을 따라
강진만으로 산책 나갔다가
큰개불알풀이 코딱지나물보다
먼저 봄이 오는 것을 알았다

강진에서 봄이 가장 빨리 오는 곳은

강진에서
봄이
가장 빨리 오는 곳은
늦봄문익환학교이다

옴팍한 곳에 자리 잡아
바람이
함부로 침입하지 못하는
침입하였다 하더라도
힘을 쓰지 못하는
늦봄문익환학교

바다 건너온 봄이
제일 먼저 다다른 곳이
어디냐고 물으면
나는 무조건
늦봄문익환학교인데
다른 사람들은 어디라고
대답할까

한 가지 분명한 건

영원히 지지 않는 연꽃인
백련사보다
늦봄문익환학교가
봄이 먼저 온다는 것

강진에서
봄이
가장 빨리 오는 곳은
늦봄문익환학교이다

늦봄문익환학교에서 북간도를 만나다

영원히 지지 않는 연꽃인
백련사 가는 길에 들른
늦봄문익환학교에서 북간도를 만난다

눈을 씻고 봐도
어디에도
북간도가 없는데
무슨 말이냐고 이의를 달 것이다

나는
늦봄문익환 하면 북간도고
북간도 하면 명동촌이고
명동촌 하면
윤동주고
송몽규고
문익환이다

솔직히
늦봄문익환학교 어디에도
북간도의 흔적은 없다

북간도는
늦봄문익환학교 학교명에
은신해 있다

영원히 지지 않는 연꽃인
백련사 가는 길에 들른
늦봄문익환학교에서 북간도를 만났다

버버리깎음과 까마귀

강진의료원 후문으로 나와
시끄테와 버버리깎음에 대한
추억의 앨범을 펼치는데
까마귀 떼 울음소리가 나를 마중한다

까악 까악 까악

소나무가 대세인
그것도
아름드리 소나무가 대세인
버버리깎음에
까치 아닌 까마귀 떼 울음소리가
나를 맞이하다니

까악 까악 까악

내가
끼고 싶어도
절대로
끼어 준 적 없는
까마귀 떼

버버리깎음의 까마귀 떼라고
예외일 리가 없다

까마귀 떼가
나를
끼어주지 않는 이유가
나를 못 믿어서인가,
나와 함께하면
손해라 생각해서인가

까악 까악 까악
저명인사인
강진3·1운동기념탑과 동고동락하고 있는
버버리깎음의
까마귀 떼 울음소리가 나를 배웅한다

강진만 가는 길에 가곡을 메들리로 불러내다

남포에서
이구뚝 따라
홀로 강진만 가는 길에
봄처녀와
매기의 추억을 불러낸다

봄처녀와
매기의 추억을 불러내는 것으로
부족해서
보리밭과
그네도 불러낸다

그네를 불러낸 뒤
한 번 구르니 나무 끝에 아련하고
두 번을 거듭 차니 사바가 발아래라는
대목에
감동을 먹는다

사바가
뭔지도 모르고
그네를 불러낸 시절과

사바가
뭔지 알고
그네를 불러낸 지금은 완전히 다르다

고희의 강을 눈 앞에 두고
내가 불러낸
봄처녀와
매기의 추억이
보리밭과
그네가
고분고분 내 말을 잘 듣는다

별뫼산을 바라보며

일당백이다

별뫼산에게
아부하는,
아첨하는 말이 아니다

월각산이
월출산이 들으면
인상을 구길 것이다

별뫼산,
별뫼산이 들으면
거만해질 것이다

나혼자,
나 혼자만
알고 있어야 한다

똑똑한,
똑똑한 놈
딱 하나만 있으면 된다

시원찮은,
시원찮은 놈이 있으면
까먹는다

일당백이다,
누가 봐도

봄날 영랑생가에서

세월의 더께에
누덕누덕해진
영랑생가 안채가
수리를 받느라 뼈대를 다 드러냈다

영랑생가가 기계라면
닦고
조이고
기름칠하고
부품만 갈아끼면 되는데……

안채 뒤
대밭 동백나무에 얼굴 내민
동백꽃을 찾은
먼 걸음을 한 길들이
동백꽃과
눈빛을 주고받지 못하니
안절부절못한다

머지않아
얼굴 내밀

살구꽃도
모란도
눈앞의 풍경에
황당해 할 것이다

뼈대를 다 드러낸
안채를 들여다보며
영랑 시작의
비밀을 엿보고 가는 게 낫겠다,
차라리

봄날 현구생가에서

현구생가는
봄이 어떻게 오는가
알고 싶어
현구생가를 찾은
먼 걸음을 한 길이 있다

현구생가에 다다르자 마자
담장 안
이제 막
얼굴 내밀기 시작한
목련이 인사를 해도
받지 않은 채
성질 급한 길이
대문 아닌
샛문으로 들어간다

먼 걸음을 한 길이
마루에 앉아
숨 한 번 돌리지 않고
현구생가
앞마당,

뒷마당은 물론
옆마당까지 뒤지고 다니는데
한 마디로
품위란 찾아볼 수가 없다

연출인
장독과 달리
연출이 아닌
달빛을 잔뜩 챙긴
수선화에 꽂힌
먼 걸음을 한 길이
꽃밭의 수선화에
손전화를 들이댄다

찰칵,
찰칵
소리에도 전혀 놀래지 않고
포즈를 취하는
수선화

손전화에 포즈를 취하는

수선화가 부러운
묵은 남촌이
먼 걸음을 한 길에게
눈빛을 보내나
몰라본다

현구생가는
봄이
수선화에서부터 온다는 걸
확실하게 알게 된
먼 걸음을 한 길이
삐긋이 웃으며
들어갈 때와 달리
건양다경
입춘대길 이름표를 단
대문으로 나온다

3부

성요셉여자고등학교

처음에는
내가 한눈팔았다가
나중에는
내가 눈독들인
성요셉여자고등학교

교문을 들어서면
'하느님과 나라를 위하여'가
우리를 맞이하던

지금도 내 마음에 자리잡은
마가렛,
마가렛 향기가
진동하던

플라타너스와
부동이화 중인
나무백합을 보고
플라타너스에 꽃이 피었다고
환호성을 지르던

성모성월엔
5월의 여왕으로
소녀들의 가슴을 설레게 하고
성탄 땐
유리창에 장식으로 아기예수를 영접한

벽안의 수녀들이 치마를 입은 채
교탁에 올라서서
시험감독을 한

세월이 가도
이름도
모습도
잊혀지지 않는
토마스 아퀴나스,
노린,
다이안,
지인과
동고동락한

이따금

간 다잇 신부를 불러
미사를 집전한

이름의 끝자가
숙, 란, 희, 자, 옥, 미, 민, 매, 초, 은인
잠시도 가만있지 못하는
말괄량이들을 길들여
현모양처일 뿐만 아니라
곳곳에서 활약하게 한

처음에는
내가 한눈팔았다가
나중에는
내가 눈독들인
성요셉여자고등학교

*교가:
아침 햇빛 찬란한 여기 금릉성/하늘의 거룩한 성 새겨진 터전 /높고 맑은 진리로 몸을 닦아서 /우리는 겨레의 향유가 된다 /우리는 나라에 불을 밝힌다/빛나라 빛나라 성요셉여학교 (임상호 작사 김혜경 작곡)

구두와 쇠가 의기투합하여 인간이 되었다

구두와 쇠가
의기투합하여 인간이 되었다

이렇게
쉽게
인간이 태어나리라고
미처 생각도 못했다

의기투합하여
인간이 된
구두와 쇠가 갈라섰다는 말을
들어본 적이 없다

구두와 쇠가
의기투합하여
태어난 인간이
뒷담화에 시달리고 있다고
들었다

의기투합한
구두와 쇠가

인간으로 태어나는
행운을 누린 것에 비하면
뒷담화에 시달리는 건
아무것도 아니다

구두와 쇠가
의기투합하여 인간이 되었다

내가 나를 잘못 가르치다

우주에서 단 하나밖에 없는 나이지만
자기만 알고 살아서는 안 되고
남을 배려하며 살라고
내가 나를 가르쳤더니
맨날 남에게 치여
이날 이때까지
따뜻하고 배부른 자리는
다 내주고
전전긍긍하며 지내고 있다

내가 나를
빈 그릇을 들 때도
가득 차 있는 것처럼 들라 하고
홀로 있을 때도
도리에 어긋남이 없도록 하라고
가르쳤더니
맨날 뒤통수만 맞고
제 발등만 찍고 다니는
나는 한심하기 짝이 없다

우주에서 단 하나밖에 없는 나이기에

자기만 알고 살아도
오냐 오냐 하며
그냥 내버려둘 것을
배려와 가까운 삶을 살라고 가르쳤다가
내가 나를 등신 만들다니

이기심은 인간의 고유한 본성이라며
강산이개 본성난개이니
누구도 믿지 말라며
가르쳤더라면
뒤통수도 맞지 않고
제 발등도 찍지 않은 삶을 영위할 텐데……
내가 나를 잘못 가르쳐도
한참 잘못 가르쳤다

내가 나에게 비웃음을 사다

내가
나에게 비웃음을 사고 있다

어쩌다
나는
나에게 비웃음을 다 사는가

내가
나에게
경거망동한 적이 없는데
나에게 비웃음을 다 사다니

내가
나에게
비웃음을 사는 건
내가 잘못 살아왔다는 건데

밤마다
불쾌한 추억이
나를 가위눌리게 하지 않은 적이
몇 번이나 있었는가

밤마다
가위눌리는 나를 위로하기는커녕
비웃는 걸 보면
나는 나에게 너무 엄격하다

내가
나에게 비웃음을 사고 있다

시집 폭탄

문단의 적폐를 향하여
시집 폭탄을 내던진다

나보다
무슨 시집을
그리 많이
세상에 내던지냐며
비아냥거리지만 다 이유가 있다

봐라, 봐
문단의 적폐를 향하여
내던진
내 시집을

내 시집이
쓰레기이면
쓰레기일수록 더 좋다

오물,
오물을 한번 뒤집어써 봐라

감각의 전이이자
이치에 맞는 착란인 시는
시는 없고
과연 분노만 충천한가
한번 들여다보면 알 것이다

문단의 적폐를 향하여
시집 폭탄을 내던진다

군내버스

언제나
다정한
강진 성전간
1000원
군내버스

표 끊어도 되고
표 안 끊어도 되고

도착은 몰라도
출발은
대충과 거리가 먼
엄정

이고,
지고
승객은
거시기,
머시기,
포도시

이따금
오르는 것도
내리는 것도
귀찮은
호미등 할머니

인상을 구긴 적 없는
성전 강진간
1000원
군내버스

詩삽

꽃삽,
꽃삽

귀여운
꽃삽으로
꽃밭에
꽃을 심다가

문득
나의 뇌리를 때리는
詩삽

이제까지
내가
세상에 내던진 시집은
내가
詩삽으로
시를 심어 놓은
내 마음의 꽃밭

詩삽,

詩삽

내가 바라는 건
전혀
녹슬지 않은
詩삽

내가 나를 주섰다

강진 성전간 국도에서
무면허 뺑소니 사고로
공중제비를 돌고도
살아 돌아온 나를 보고
남편을 잃고 혼자 사는 옆집 아줌마가
내 아내에게 남편을 주섰다 한다

주섰다,
주섰다는
주었다에서 왔는데
줍다가 원형이다

내 아내가 남편을 주었다보다
내 아내가 남편을 주섰다 하는 게
내 머릿속에 잘 들어온다

내 아내만 남편을 주슨 게 아니라
내 딸도 아빠를 주섰다

주섰다,
주섰다가

나를 붙들고 놔주지 않는다

누구는
시내에서
접촉사고로 생을 마감하였는데
강진 성전간 국도에서
무면허 뺑소니 사고로
공중제비를 돌고도
살아 돌아온 내가
나를 보니
내가 나를 주셨다

까치설날

까치설날

부부인
이장로와 정권사가
거실에서
고스톱을 치고 있다

판이 크다

둘이
조이는 재미를 만끽하고 있다

언제나
못 먹어도 고다

진담

따뜻하고
배부른 자리는
주로
누가 차지하나

이미
따뜻하고
배부른 자가
차지하지

춥고
배고픈 자리는
주로
누가 떠맡나

이미
춥고
배고픈 자가
떠맡지

버버리깎음

서문 밖으로 나가려면
버버리깎음에게 신고해야 한다

듣지 못해도
청맹과니가 아니니
어물쩍 넘어가서는 안 된다

버버릭깎음이 듣지 못하는 게
선천성인지
후천성인지 궁금하다

만약에 후천성이라면
듣지 못해도
하고 싶은 말은 할 것이다

자나깨나
대한독립만세를 외치는
3·1운동기념탐을
버버리깎음이 낳은 것 하나만으로도
버버리깎음은 큰일을 했다

서문 안으로 들어오려면
버버리깎음에게 신고해야 한다

맨발로 걷기

탑돌이하듯
은행나무를
여자들이
맨발로 걷고 있다

맨발로 걷는 이들은
잡담이
주를 이루고 있다

사랑채
마루에서 지켜보는 나는
호기심이 주를 이루고 있다

맨발을 들여다보려
가까이 다가가 봐야 하는가
가까이 다가가 보지 말아야 하는가는
애매성의 문제다

탑돌이하듯
은행나무를
여자들이
맨발로 걷고 있다

원고청탁

얼마 전에는
원고청탁을 받으면
어떤 작품을 보낼까로
고민이 깊었다

어디에서도
시끄럽게 하고 싶지 않아서나

누군가의
눈 밖에 나고 싶지 않아서나

모나게 군다는
말을 듣고 싶지 않아서나

요즘은
원고청탁을 받으면
어떤 작품을 보내지 않을까로
고민이 깊다

남미륵사

56억 7천만 년 뒤에
이 세상에 와서
석가모니불이
미처 구제하지 못한
중생을 구제한다는 미륵불이 이미 와
남미륵사 어딘가에 은신하고 있는지 모른다

머리카락 보일까 봐
남미륵사 어딘가에 은신하고 있을
미륵불을
누구도 몰래 만나야겠다

지상에
100년도 더 못 버티는
내 앞에서
56억 7천만 년이라니
누굴 놀리는가

언제가
56억 7천만 년 뒤의 기점인지
확실히 하고 싶은데

남미륵사가 알고 있을 것이니
남미륵사가
안거를 끝내면 물어봐야겠다

무턱대고 따르는 것보다
호기심을 가지고 물으면
남미륵사가
나를 가상하게 여겨 답을 줄 것이다

먼 훗날 온다는
갠지스강의 모래알만치나 많은
부처도
일부가 이미 와
남미륵사 어딘가에 은신하고 있는지 모른다

강진미술관

강진의 저명인사인
강진미술관이
먼 걸음을 한 길들에게
북녘의 산하를
그림으로 만나게 해 준다

못 말리는 내 눈빛이
그림 속
북녘의 산하를 더듬는데
음탕하다는
말을 들을 정도다

우리민족이 다시는
동족상잔의 길을 걷지 않는 데
우리민족이 분단을 극복하는 데
일조하겠다는 미명 아래
내 눈빛이
그림 속
북녘의 산하를 더듬는데
북녘의 산하가
오르가슴에 이르지 않고 배길 수 없을 것이다

생애 내내
만나지 못할
북녘의 산하를 그림으로 만나게 해 주는
강진미술관이
큰일을 하고도 티를 내지 않는 걸 보면
됨됨이가 됐다

강진의 저명인사인
강진미술관이
먼 걸음을 한 길들에게
북녘의 산하를
그림으로 만나게 해 준다

4부

슬픔과 나

내가 슬픔을 밝히듯이
슬픔이
나를 밝힌다

나를 밝히는 슬픔을
이제까진
별로 정중히 모시지 않았는데
앞으론
정중히 모셔야겠다

슬픔이 나를 밝히듯이
내가
슬픔을 밝힌다

슬픔을 밝히는 나를
슬픔이
이제까진 크게 실망시키지 않았는데
앞으로도
나를 아예 실망시키지 않았으면 좋겠다

나에게 군밤을 맞고 돌아간 슬픔이 있다

나에게 군밤을 맞고 돌아간 슬픔이 있다

나에게 귀뺨을 맞고 돌아간 슬픔에 비하면
그 슬픔은
얼마나 다행인가

나도 슬픔에게 당한 적이 한두 번이 아니나
슬픔에게 어떻게 당했는지
털어놓고 쉽지 않다

슬픔이 나에게 군밤을 맞고
슬픔이 나에게 귀뺨을 맞은 것은
내가 슬픔에게 당한 것에 비하면
조족지혈鳥足之血이다

물론
흉금을 털어놓고 지낸 슬픔도 있고
두 팔 벌려 맞이한 슬픔도 있다

그밖에 내가 만난 슬픔 중에
물리치지 않은

걸출한 슬픔도
반반한 슬픔도 있다

근데
나에게 군밤을 맞고 돌아간 슬픔은
지금 어디에서
무얼하고 있을까

슬픔이 나를 보고 환하게 웃는다

고희의 강을 건너는 중인
나를 보고
슬픔이 환하게 웃는다

슬픔이
나를 보고 환하게 웃는다고 해서
그냥 넘어갈 내가 아니다

나에게 환하게 웃는
슬픔에게
어떤 태도를 취해야 할지
헷갈린다

환하게 웃는
슬픔의 감정을 상하지 않게 해야지
상하게 했다간
나중 형편이 나빠질 수가 있다

나를 보고 환하게 웃어도
어디까지나
슬픔은 슬픔이다

나를 보고
환하게 웃는
슬픔의 감정을 상하게 하지 않고
슬픔을 따돌리는 길을
찾아야지

고희의 강을 건너는 중인
내가
슬픔을 향하여 삐긋이 웃는다,
일단

대범한 슬픔과 소심한 슬픔이 눈이 맞아 하나 되었을 때

대범한 슬픔과
소심한 슬픔이
눈이 맞아 하나되었을 때
어떤 일이 벌어질까

대범한 슬픔이
태어나기도 하고
소심한 슬픔이
태어나기도 하나

대범하기도 하고
소심하기도 한 슬픔이
태어나기도 하나

대범하지도
소심하지도 않는 슬픔이
태어나기도 하나

대범하거나
소심한 건
외모의 문제가 아닌

마음의 문제인데……

대범한 슬픔과
소심한 슬픔이
눈이 맞아 하나되어
자식을 하나만 두는 게 아니고
여럿을 두니
슬픔이 다양할 것이다

대범한 슬픔과
소심한 슬픔이
눈이 맞아 하나되었을 때
어떤 일이 벌어질까,
과연

오지랖이 넓은 슬픔과 나나 잘해야지 하는 슬픔이 만나면

오지랖이 넓은 슬픔과
나나 잘해야지 하는 슬픔이 만나면
만날 때마다
어떤 일이 벌어질까

오지랖이 넓은 슬픔은
좋게 말하면
이타적이라 할 수 있고
나나 잘해야지 하는 슬픔은
나쁘게 말하면
이기적이라 할 수 있는데

오지랖이 넓은 슬픔이
처음에는
나나 잘해야지 하는 슬픔이었을 수도 있고

나나 잘해야지 하는 슬픔이
처음에는
오지랖이 넓은 슬픔이었을 수도 있고

처음부터

나중까지
무슨 일에
일관성 있는 슬픔이 몇이나 되겠는가

오지랖이 넓은과
나나 잘해야지 사이를
몇 차례고 오고가는 슬픔도 있었을 것이다

오지랖이 넓은 슬픔과
나나 잘해야지 하는 슬픔이 만나면
만날 때마다
어떤 일이 벌어질까, 좌우지간

나의 마음을 꿰뚫어 본 슬픔이 있다

나의 마음을
꿰뚫어 보는
슬픔이 있을 수 있다

나의 마음을
꿰뚫어 보는
슬픔이 있을 수 있다가 아니라
이미 꿰뚫어 보았을 것이다

나는
이미
가지가지
슬픔에게 속을 보인 것이다

지금
내가
이기심은
인간의 고귀한 본능이라는 말로
변명을 일삼을 수밖에 없는 건
가지가지 슬픔에게
내가 속을 보여서다

세상에
내가
슬픔에게
속을 보인 걸 눈치채 가지고
안절부절못하다니

슬픔에게
속을 보인 건
사소한 문제가 아니라
심각한 문제다

나의 마음을
이미 꿰뚫어 본
슬픔이 있다

나한테 눈에 콩깍지 씐 슬픔이 있다

나한테
눈에 콩깍지 씐 슬픔이 있다

나에게
볼 게 뭐가 있다고
슬픔이 나한테
눈에 콩깍지가 씌었는지
궁금하다

내 마음에
내가
한구석도 마음에 들지 않는데
도대체
나에게 뭐가 있기에

나도 모르는
뭔가
뭔가가
뭣인지 말할 수 있는 자는
나한테
눈에 콩깍지 씐 슬픔인데

그게 뭔지
물을 수가 없다

나한테
눈에 콩깍지 씐 슬픔의
자존심을 구기는 일은
묻지 말아야 한다

등줄기에
소름이 끼치게 하는
슬픔에 비하면
나한테
눈에 콩깍지 씐 슬픔이 있다는 건
얼마나 다행한 일인가

나한테
눈에 콩깍지 씐 슬픔을
냉대해서는 안 되고
대접해서 보내야 한다

선택의 여지가 없는 슬픔이 있다

선택의 여지가 없는 슬픔이 있다

선택의 여지가 없는 슬픔이
언젠가는 올 것이나
그때가 언제인지
누구도 알 수가 없다

선택의 여지가 없는 슬픔을
맞이하기 전에
우리는 대책을 세워야 한다

무방비 상태로
선택의 여지가 없는 슬픔을
맞이하는 건
자신의 삶에 대하여
무책임한 것이다

언제
어디서
어떻게
선택의 여지가 없는 슬픔과

조우할 지 모르니
주변 정리를 잘해 놔야 한다

주변 정리를
잘해 놓고
선택의 여지가 없는 슬픔을
맞이해야
욕먹지 않는다

선택의 여지가 없는 슬픔이
우리가
주변 정리를 잘해 놓을 때까지
기다려 주지 않는다

이제라도
주변 정리를 잘해 놓고
선택의 여지가 없는 슬픔을
나는 꽃 본 듯이 맞이할 것이다,
언제든

나를 예의주시하는 슬픔이 있다

나를
예의주시하는 슬픔이 있다

털어서 먼지 안 나는
놈이 없는데
슬픔이 나를 예의주시하는 이유를
모르겠다

슬픔이 나를 예의주시하는 이유가
나의 흠집을 찾기 위해서나
나의 약점을 잡기 위해서라면
내 주변에
얼씬거리지 못하게 해야 한다

슬픔이 나를 예의주시하는 이유가
나로부터 위해를 받을까
무서워서라면
내가 인상을 구기고 다닌다는 것이니
앞으론 인상을 좀 펴고 다녀야 할 것이다

슬픔이 나를 예의주시하는 이유가

나의 생각과 달리
전혀 다른 이유일 수도 있기에
나도 함부로 행동을 하지 못한다

나를
예의주시하는 슬픔을
어떻게 처리해야 할지
고민이 깊다

나의 꿈은 슬픔으로 노나는 것이다

나의 꿈은
슬픔으로 노나는 것이다

과연
슬픔으로 노날 수 있을까

간혹
노난
슬픔을 본 적은 있어도
슬픔으로
노났다는 말은 들어보질 못했다

무얼 보고
노난 슬픔이냐고
누군가가 물으면
바로 입증할 수 있다

변두리에서
푸성귀를 팔아
입에 풀칠을 하고 사는 슬픔이
남새밭에

아파트 단지가 들어서는 바람에
노나는 걸 봤다

슬픔으로
그러니까
나의 슬픔으로
노난 경우는 입증할 길이 없다

선택의 여지가 없는 슬픔으로
노나는 건
자신의 슬픔이 아닌
타인의 슬픔으로
노나는 것이다

슬픔으로
그러니까 슬픔으로
노나는 건
한갓 망상에 불과할지 모르나
결과야 어쨌든
나의 꿈은
슬픔으로 노나는 것이다

슬픔을 가지고 몸살을 하다

고희의 강을 건너는 중에도
가지가지
슬픔을 가지고 몸살을 하는 나는
못 말려다

가지가지
슬픔이 나를 가지고 몸살을 할 수도 있다는
생각이
나의 뇌리를 때리기도 한다

내가 슬픔을 가지고 몸살을 하는지
슬픔이 나를 가지고 몸살을 하는지
헷갈릴 수밖에 없는 건
너무 오래 슬픔과 함께하여서인데
서로 가지고 몸살을 하는지도 모른다

너무 오래 슬픔과 함께한 나는
슬픔의 속을
훤히 꿰뚫어 보고 있다고 생각하는데
그건 내 생각일 뿐이다

내가 슬픔의 속을 꿰뚫어 본 것처럼
슬픔도 내 속을 꿰뚫어 봤을 거라는
생각 또한
떨쳐 버릴 수가 없다

문득
슬픔을 가지고 몸살을 할 게 아니라
슬픔을 가지고 놀아야 한다는 생각이
얼굴 내민다

더더욱
내가 슬픔의 기대를 저버리지 않고
슬픔이 나의 기대를 저버리지 않는 길은
슬픔과 내가
한통속이 되는 것이다

고희의 강을 건너는 중에도
가지가지
슬픔을 가지고 몸살을 하는 나는
못 말려다

슬픔이 나에게 깽판을 부리다

나에게
깽판을 부리는 슬픔이 있다

자기
하잔 대로 해 주지 않는다고
나에게 깽판을 논다

슬픔이 하자는 대로
기꺼이 슬픔을 따를 이가
어디에 있냐

다들
슬픔을 뿌리치거나
뿌리치지 못할 슬픔을
마지못해 함께하지

나에게
깽판을 부리는
슬픔도
가지가지

반반한 슬픔이
걸출한 슬픔이
나에게 깽판을 부리면
하잔 대로 할까,
하잔 대로 하지 말까
딜레마에 빠진다

깽판을 부리는 것도
유분수지

나에게
깽판을 부리는 슬픔이 있다

나보다 도끼로 제 발등을 찍었다고 귀띔해 준 슬픔이 있다

나보다
도끼로 내 발등을 찍었다고
귀띔해 준 슬픔이 있다

내가
도끼로 내 발등을 찍었다고
귀띔해 준 슬픔은
나와 어떤 관계냐 하면
내가
도끼로 내 발등을 찍어도
되는 슬픔이다

내가
도끼로 내 발등을 찍어도
되는 경우가 있고
돼서는 안 되는 경우가 있다

내가
도끼로 내 발등을 찍었다는 건
내가
도끼로 내 발등을 찍어서

안 되는 경우를 두고 하는 말이다

얼마나
내가 답답해 보였으면
슬픔이 내게
내가
도끼로 내 발등을 찍었다고
귀띔해 줬겠는가

내가
도끼로 내 발등을 찍어서
안 되는 슬픔이
나를
폄훼하고 다닌다 하지 않는가

나보다
도끼로 내 발등을 찍었다고
귀띔해 준 슬픔이 있다

물과별 시선 17

성요셉여자고등학교

1판 1쇄 인쇄일 | 2024년 4월 25일
1판 1쇄 발행일 | 2024년 5월 1일

지은이 　　김재석
펴낸이 　　신정희
펴낸곳 　　사의재
출판등록 　2015년 11월 9일 제2015-000011호
주소 　　　목포시 보리마당로 22번길 6
전화 　　　010-2108-6562
이메일 　　dambak7@hanmail.net
ⓒ 김재석, 2024

ISBN 979 - 11 - 6716 - 101 - 7 03810

지은이와 출판사의 동의 없이 이 책의 내용 중 전체 또는 일부를 인용하거나 발췌하는 것을 금합니다.

값 12,000원